Kinderkram

Reimgeschichten für große und kleine Leute

Herstellung und Verlag:
Books on Demand GmbH, Norderstedt
ISBN 978-3-8370-4984-8

Mütter

Frau Powitzke kocht das
Essen,
brutzelt, rührt, hört Radio,
als sie plötzlich selbstvergessen
aus dem Fenster schaut - nur so.

Unten sieht sie Rolf und Liese,
ihre beiden kleinen Rangen,
toben fröhlich auf der Wiese,
spielen Ball, Versteck und Fangen.

G'rade gibt mit großem Schwunge
Lies' dem Kai 'nen kräftigen Schlag,
der beißt sich auf seine Zunge,
rennt darum der Liese nach.

Frau Powitzke nimmt die Kelle,
kostet ihre Nudelsuppe.
Streut dann noch ganz auf die Schnelle
Salz rein mit der Fingerkuppe.

Plötzlich dringen kräft'ge Töne
durch das Fenster an ihr Ohr,
Heulen, Jammern, Schmerzgestöhne,
alle Kinder schrei'n im Chor.

Ganz klar glaubt sie zu erkennen,
dass da ihre Liese schreit,
schnell beginnt sie loszurennen,
wie tut ihr die Liese leid!

Unten auf der letzten Stufe –
sie ist völlig abgehetzt,
trifft sie auf Frau Erne Schnufe,
die wohl auch zum Spielplatz wetzt.

"Was ist los?", will sie gleich wissen,
als sie bei den Kindern ist.
"Kai hat Haare ausgerissen,
gut, dass du gekommen bist!"

Frau Powitzke schaut auf Kai.
"So ein ungezog'ner Junge!"
Doch der fühlt von Schuld sich frei,
zeigt ihr einfach seine Zunge.

"Glauben sie, ich lass mich schlagen
von der ollen doofen Ziege?
Sie könn' ja die and'ren fragen!
Warte nur, wenn ich dich kriege!"

Jetzt ist Erna Schnufe da
und verteidigt ihren Kai.
"Ihre Gören, ist doch wahr,
sind bei jedem Streit dabei!"

Das lässt Frau Powitzke nicht
ohne Widerrede gelten,
schaut Frau Schnufe ins Gesicht
und beginnt furchtbar zu schelten:

"Von Erziehung, Erna Schnufe,
hab'n Sie wohl noch nichts gehört!
Stell'n sich auf die hohe Stufe,
spiel'n sich auf und sind empört!

Und ihr Früchtchen kann nur lügen,
tut, als wäre es ein Engel,
auch sie lassen sich betrügen
von dem ungerat'nen Bengel!"

Doch Frau Schnufe lässt sich nicht
ohne weit'res unterkriegen.
Sie glaubt fest an ihre Pflicht,
Frau Powitzke zu besiegen.

So beharken sich die Frauen,
steigern sich in ihrer Wut,
woll'n am liebsten sich verhauen,
hoffentlich geht das auch gut!

Frau Powitzke ruft entschieden
ihre Kinder Rolf und Liese.
"Dieser Spielplatz wird gemieden,
wenn der Kai ist auf der Wiese!"
Doch Frau Schnufe brüllt nicht minder.
Ihr Sohn Kai, der soll's verstehn:
"Lass in Zukunft diese Kinder!
Will euch nicht zusamm' mehr seh'n!"

Während hier noch wird geschrien,
beide Frau'n sind wutentbrannt,
hab'n die Kinder sich verziehen
und sind längst schon weggerannt.

Und so sitzen dort die Rangen
froh vereint im Buddelsand,
hab'n ganz rosarote Wangen,
Kai hält Liese bei der Hand.

Denn es lassen sich die Gören
von der mütterlichen Wut
einfach überhaupt nicht stören,
für sie ist längst alles gut.

"Ach herrje, mein Mittagessen!",
Frau Powitzke plötzlich rennt,
"fast hätt' ich's total vergessen,
wenn es nur nicht ganz verbrennt!"

Auch Frau Schnufe ist in Eile,
ihr fällt g'rade wieder ein,
dass seit einer ganzen Weile
ihr Ragout muss fertig sein.

Versprechen

"Gestern schon hast du versprochen,
Mutti, denkst du noch daran?"
"Halt mal, Kind, ich hab's gerochen,
irgendetwas brennt doch an!
Ach herrje, mein Mittagessen!
Woran meinst du sollt' ich denken?
Ich hab's wirklich ganz vergessen,
wollte ich dir etwas schenken?"

"Kasper spielen wolltest du
mit der neuen Fingerpuppe!"
"Jetzt lass mich damit in Ruh,
sonst verbrennt mir noch die Suppe!
Reich mir doch mal flink die Kelle,
und dann hol die Teller raus!
Rühr dich, steh nicht auf der Stelle,
gleich kommt dein Papa nach Haus!"

"Wirst du denn dann nach dem Essen
dein Versprechen endlich halten?"
"Sicher, ich werd's nicht vergessen,
du kannst die Servietten falten!
Da im Fach sind die Bestecke,
mein Gott, Kind, steh nicht herum!
Leg schon auf den Tisch die Decke,
halt den Rücken nicht so krumm!"

Nach dem Essen quält er wieder:
"Mutti, komm, du bist jetzt dran!"
Kurz kniet Mutti zu ihm nieder:
"Kind, du siehst, dass ich nicht kann!
Jetzt muss ich erst fleißig sein,
muss die schmutz'gen Teller waschen.
Darum spiel du nun allein,
und ich geb' dir was zu naschen."

Als er dann nach einer Stunde
noch einmal zu fragen wagt,
bleibt er steh'n mit offnem Munde,
weil sie "ja" zu ihm da sagt.
Doch dann fällt ihr ein, oh Schreck,
g'rade noch zur rechten Zeit,
sie muss schnell noch einmal weg.
"Komm gleich wieder, tut mir leid!

„Abends", sagt sie ihm ins Ohr,
weil der Kai so traurig ist,
"spiel ich dir den Kasper vor,
wenn du wieder fröhlich bist!"
Schnell gibt sie ihm einen Kuss,
zieht dann ihren Mantel an,
weil sie sich beeilen muss
und mit Kai nicht spielen kann.

Als sie kommt, muss sie erst plätten;
"Vati braucht die Hemden doch!"
Dann bezieht sie schnell die Betten,
und der Kai hofft immer noch.
Doch der Abend kommt heran,
zum Zubettgeh'n ist's so weit.
Mutti denkt nicht mehr daran,
und sie hat auch keine Zeit.

Lange schon liegt Kai im Bett,
Mutti kommt, sagt: "Gute Nacht."
Gibt ihm einen Kuss, ist nett.
"Du hast doch nicht dran gedacht!
Und ich hab mich so gefreut!"
Doch die Mutti winkt nur ab:
"Morgen, morgen, bloß nicht heut!
Siehst, was ich für Arbeit hab!"

So verstreichen nun die Tage,
Mutti ihr Versprechen brach.
Kai stellt nicht mehr seine Frage,
doch er denkt darüber nach:
„Vielleicht kann sie gar nicht ahnen,
wie es mir zu Mute ist.
Vielleicht muss ich sie erst mahnen,
damit sie nichts mehr vergisst!"

Und so kommt der nächste Mittwoch,
Kai, der geht zum Spielen raus.
Mutti sagt ihm an der Tür noch:
"Denk daran, komm früh nach Haus!"
Doch sie wartet mit dem Essen,
läuft nervös schon hin und her.
"Hat der Kai die Zeit vergessen?
Ich verstehe das nicht mehr!"

Als der Kai zu Haus erscheint,
ist die Mutti abgehetzt.
"Kai, ich habe schon geweint,
warum hat du mich versetzt?
Dass du einfach so vergisst,
wie viel Kummer ich gehabt
und wie mir zu Mute ist,
danach hast du nicht gefragt!

Kai, du gabst mir dein Versprechen,
pünktlich stets zu Haus zu sein!
Wie kannst du es einfach brechen,
was fällt dir denn dabei ein?"
"Ach", der Kai winkt einfach ab,
"was gilt dir denn ein Versprechen?
Weil ich's heut gebrochen hab,
willst du böse mit mir sprechen?

Gut, ich habe dir versprochen,
pünktlich stets zu Haus zu sein,
gut, ich hab mein Wort gebrochen,
doch darum brauchst du nicht schrei'n!
Oft hör ich aus deinem Mund
für mich wichtige Versprechen.
Doch du findest stets 'nen Grund,
sie dann wieder schnell zu brechen!"

"Ich hab Arbeit, Tag für Tag,
und du tummelst dich im Spiel.
Ist es da, wenn ich es mag,
dass du pünktlich bist, zu viel?"
"Mutti, wenn es dich so freut,
gut, dann sage ich es dir,
morgen, morgen, bloß nicht heut
bin ich wieder pünktlich hier!"

Mutti kann nicht gleich begreifen,
was der Kai ihr sagen will.
Sie lässt böse Blicke schweifen,
doch dann wird sie plötzlich still.
"Wolltest du mich etwas lehren?
Kai, ich glaub, ich weiß Bescheid!
Will mich gar nicht mehr beschweren,
glaube mir, es tut mir leid!"

Liebe nach Zensuren

Gitte kommt g'rad aus der Schule,
doch sie ist nicht froh gelaunt.
Sitzt ganz artig auf dem Stuhle,
ist doch klar, dass Mama staunt!

Nicht ein Schwätzchen, so wie immer,
sitzt nur da und ist ganz still.
Sie geht traurig in ihr Zimmer,
sagt, dass sie nichts essen will.

Als nach einer knappen Stunde
Mama schau'n will, was geschieht,
bleibt sie steh'n mit off'nem Munde,
glaubt es kaum, was sie da sieht.

Alles ist hier aufgeräumt,
sowohl Schreibtisch als auch Schrank.
Mama ist's als ob ihr träumt.
"Ist vielleicht mein Gittchen krank?

Aber Gitte, liebes Kind,
schnell nimm deine Badesachen,
auf ins Schwimmbad, ganz geschwind!
Musst doch heut nicht Ordnung machen!"

"Mama, sag mir, freust du dich?"
Ganz verschwitzt blickt sie daher.
"Jetzt ist alles ordentlich,
und ich helf' dir heut noch mehr!"

Mama muss die Gitte lassen,
denn ihr Eifer ist so groß.
Kann sie's heimlich auch nicht fassen,
was ist mit der Gitte los?

Treppen fegt sie blitzeblank
und dabei sagt sie kein' Ton,
Wäsche legt sie in den Schrank,
will nicht mal 'nen Euro Lohn.

Und am Abend keine Bitte,
ob sie vielleicht fernseh'n darf.
Küsschen noch nach alter Sitte,
dann geht sie ins Bett - ganz brav.

Mama kann schon längst ermessen,
was dem Gittchen widerfuhr.
"Hast du nicht noch was vergessen?",
fragt am Bett sie darum nur.

"Ich hab eine Fünf geschrieben,
und da habe ich gedacht,
jetzt könnt'st du mich nicht mehr lieben,
weil ich alles falsch gemacht!"

19

"Ach mein Schatz, hör auf zu weinen,
wie kannst du nur so 'was denken,
dass die Großen ihren Kleinen
Liebe nach Zensuren schenken?

Meinst du denn in meinem Leben",
Gitte schaut ganz hoffnungsvoll,
"hätt' es nie 'ne Fünf gegeben?"
"Mama, du bist einfach toll!"

"Wenn du dich mal wieder quälst,
kannst viel Arbeit dir ersparen,
wenn du es mir gleich erzählst,
kannst du trotzdem baden fahren!"

Was zählt?

"Meine Mutter spielt Theater",
Tinchen sagt 's dem Fritze stolz.
"Na und", sagt der Fritz gelangweilt,
"meine Mutter pflegt das Holz."

"Welches Holz?", will Tinchen wissen.
"Das in Nobelmeiers Haus."
"Deine Mutter ist 'ne Putze!"
"Macht das was?", ruft Fritze aus.

"Wir hab'n einen schönen Wagen
mit 'nem richtigen Chauffeur.
Ständig ist das Haus voll Gäste,
so mit Sekt und viel Likör."

"Und was machst du mit den Gästen,
dem Likör und mit dem Sekt?
Kannst doch nicht im Ernst behaupten,
dass das Zeug dir wirklich schmeckt!"

Tinchen weiß kaum was zu sagen,
dieser Fritz ist doch zu dumm!
"Gar nichts mach' ich mit den Gästen,
lauf nur zwischen ihnen rum."

Fritze rümpft jetzt seine Nase,
das kann er nun nicht versteh'n.
"Statt dort blöd herumzulaufen,
würd' ich lieber spielen geh'n!"

"Meine Mutter schickt mir Karten
aus der ganzen weiten Welt!
Manchmal reist sie viele Wochen,
doch dafür kriegt sie viel Geld!"

"Geld ist gut", sagt Fritze sinnend,
und dann denkt er ganz scharf nach:
"Wir hab'n stets nur ein paar Kröten,
und darum gibt's auch noch Krach!"

Jetzt ist Tinchen dran zu rümpfen:
"Krach ums Geld, das kenn ich nicht.
Ich kann mir stets alles kaufen,
stimmt's, jetzt machst du ein Gesicht?"

Fast ist Fritz zum Tausch bereit,
so wie Tinchen möcht er leben!
Doch dann fällt ihm etwas ein,
etwas Wicht'ges, g'rade eben.

"Wann kannst du denn mir ihr spielen?
Wann bringt sie dich mal ins Bett?
Darfst du ihr das Haar zerzausen,
und sie ist noch immer nett?"

Tinchen schaut mit großen Augen.
"Wem zerzaust denn du das Haar?"
"Meiner Mutter!", schreit der Fritze,
"denn sie ist ja für mich da!"

Da nickt Tinchen kummervoll:
"Ja, das ist es, was mich stört,
dass mir meine Frau Mama
niemals ganz allein gehört!"

Kopf siegt über Kraft

Peter ist ab heut' der Neue
in der sechsten Klasse hier.
"Guten Tag, wie ich mich freue!",
sagt sehr nett Herr Kasimir.
Peter spürt die Blicke bohren
und bekommt ganz heiße Ohren.
Lehrer Kasimir indessen
hat den Neuen schon vergessen.

Peter fühlt sich ganz verloren,
er kennt keinen aus der Schar.
Hinter sich hört er's rumoren,
alle tuscheln - war doch klar.
Er fängt wieder an zu schwitzen,
warum muss er vorne sitzen,
wo die fremden Blicke drücken
mehr und mehr in seinem Rücken?

Als er dann verstohlen wagt,
einmal hinter sich zu schau'n,
hört er, wie sein Nachbar sagt:
"In der Pause wird gehau'n!
Bildest dir vielleicht noch ein,
hier der Größte jetzt zu sein.
Warte nur auf Uwe Schmidt,
und wir kommen alle mit!"

Und so naht die große Pause,
alle wissen schon Bescheid.
Alle stürmen aus dem Hause,
keinem tut der Peter leid.
Und los geht es, Schlag um Schlag,
keiner fragt, ob er das mag.
"Wehr dich, Feigling!", brüllt der Rolf,
"sonst dreht Schmidt dich durch den Wolf!"

Kasimir hat längst vernommen,
was dort auf dem Hof geschieht.
Keiner merkt den Lehrer kommen,
weil nur jeder vor sich sieht.
Kasimir mit schnellen Schritten
bahnt den Weg sich in die Mitten.
"So", brüllt er, "jetzt ist vorbei
diese dumme Schlägerei!"

"Uwe Schmidt, du kriegst 'ne Rüge,
deine Eltern kauf ich mir!
Jetzt erzähl bloß keine Lüge,
bin ich doch am Tatort hier!
Und die andern, die hier gaffen,
sollten ihre Mappen raffen,
um zu Hause dann bis morgen
einen Aufsatz zu besorgen!"

Aus der Nase fließen Tropfen,
Peters Mund ist blutverschmiert.
Unter starkem Herzeklopfen
sagt er: "Es ist nichts passiert!
Nur 'ne Wette, mehr war's nicht,
wer den andern runterkriegt.
Uwes linker Haken saß -
trotzdem war es nur ein Spaß!

Darum wär's auch nicht gerecht,
ihm 'ne Rüge zu verpassen.
Auch der Aufsatz macht sich schlecht,
könnte man ihn nicht erlassen?"
"Gut", sagt Kasimir, "im Sport
setzen wir den Ringkampf fort.
Allerdings darf niemand wagen,
mit den Fäusten zuzuschlagen!"

"Man", staunt Uwe ganz verlegen,
"das hätt' ich nun nicht gedacht,
dass der Kumpel unsertwegen
so 'ne dufte Story macht!
Komm, hier hast du meine Hand,
bei uns bist du anerkannt.
Bist der Stärkste ja nicht g'rad,
aber 'n echter Kamerad!"

Diktat

Ich habe mich ohne Erfolg bemüht,
diesem Diktate hier zu entgeh'n.
Ich hab' mir mit Absicht den Mund verbrüht
beim Frühstück heut' Morgen um zehn.

Ich wollte nur eins,
zurück in mein Bett,
hätt' nicht mal die Tropfen gescheut.
Wenn Mama 's bloß zugelassen hätt',
bin sicher, dass sie 's noch bereut!

Nun muss ich doch auf dem Stuhle hier sitzen
und bin dabei furchtbar betrübt.
Warum mir nur heute die Hände so schwitzen,
ach, hätt' ich doch besser geübt!

Ich muss mich viel stärker noch konzentrieren,
auf das, was der Lehrer diktiert.
Ich darf doch nicht wieder den Anschluss verlieren,
wie's mir beim letzten Male passiert!

Wie schreibt man denn bloß dieses scheußliche Wort
mit ie oder einfachem i?
G'rad wusst' ich es noch, und jetzt ist es fort!
Verdammtes Diktat, ich begreife es nie!

Könnt' Uwe ein Stück nicht zur Seite mal rücken,
er kennt doch am besten sich aus.
Ich würde auch morgen ein Auge zudrücken,
ihn in die Mannschaft wählen - statt Klaus!

Schon wieder ein Wort, das noch nie ich geschrieben.
Ich glaub', ich verlier die Geduld.
Wär' ich doch besser zu Hause geblieben,
an allem ist Mutti nur schuld!

Musterschüler

Ich hab doch neulich mal entdeckt,
wo Vaters Zeugnismappe steckt,
verdammt, jetzt weiß ich es nicht mehr –
die Zeugnismappe, sie muss her!

Es könnte dann, bevor ich's wage
und ihm die volle Wahrheit sage,
mein Zeugnis unter seinem liegen.
Das müsste seine Wut besiegen!

Denn holt er aus zum Wutgeschrei
und hebt vielleicht die Hand dabei,
würd' ich ihn fragen ganz verstört:
"War Opa damals auch empört?"

An sich könnt' er dann gar nichts machen –
nur noch gemeinsam mit mir lachen.
Ist mein Blatt auch an Fünfen reich,
ist's doch mit seinem deckungsgleich!

Wenn ich jedoch mich nun verschätze
und auf die falschen Pferde setze?
Er ahnt ja nicht, dass ich es weiß,
du meine Güte, mir wird heiß!

Er wollte mir stets imponieren,
den Musterschüler 'rausmarkieren.
Ob ich ihn nicht zu sehr empöre,
wenn seinen Traum ich ihm zerstöre?

Vielleicht kommt dann erst recht die Wut.
Ich ahne förmlich, was er tut!
Er wird mit mir - anstatt zu lachen -,
mit Sicherheit was and'res machen!

Ich werd' mir's anhör'n mit Geduld,
es sei nur meine Faulheit schuld –
und ihm dann sagen - ganz in Ruh:
"Ich bessre mich und werd' wie du!"

Wozu?

Wozu hat der Mensch die Ohren?
Nur zum Hör'n hast du gedacht?
Dass man ihm eins hinterhaue,
dazu sind die Ohr'n gemacht.
Und natürlich, dass man lerne,
zu gehorchen - und zwar gerne!

Wozu hat der Mensch die Backen,
rechts und links in sein'm Gesicht?
Nur zum Essen, Pfeifen, Schmusen?
Na, das glaubst du selber nicht.
Backen wachsen, runden, reifen
letztlich doch bloß für Backpfeifen!

Wozu hat der Mensch den Mund?
Sprechen, schwatzen, fröhlich singen?
Doch das kann ja gar nicht sein,
wie soll einem das gelingen?
Wird doch ständig nur gesagt:
"Halt deinen Mund, bist nicht gefragt!"

Wozu hat der Mensch die Hände?
Greifen, fassen ausprobieren?
Denkste, stillehalten musst sie,
weil sie's Tischtuch sonst beschmieren!
Und, weil sie nach vorne ragen,
kann man auch mal schnell drauf schlagen!

Wozu hat der Mensch den Hintern?
Ja, ich seh's an dein'm Gesicht,
endlich hast du es begriffen,
nur zum Sitzen ist er nicht.
Häufig, noch nicht ganz erholt,
wird schon wieder er versohlt!

Wozu hat der Mensch die Beine?
Sich bewegen, rennen, trampeln!
Vielleicht war das so am Anfang,
heute heißt es, bloß nicht hampeln!
Beine sind zum Stillesteh'n,
höchstens brav spazieren geh'n.

Warum ist der Mensch ein Mensch?
Ist erhoben vor den Tieren?
Das ist gar nicht schwer zu sagen,
er kann die Geduld verlieren,
er kann schimpfen, schlagen, schrei'n,
und das kann nun mal kein Schwein!

Wann kommst du?

Es hat sich bewiesen, es ist großer Mist,
wenn Mama so lange im Krankenhaus ist.
Der Papa, er schuftet von frühe bis spät,
doch ist nichts zu sehen, was Mühe verrät.

Der Hund merkt es auch, er winselt und jault;
im Kühlschrank die Gurke seit Tagen schon fault;
der Wäschekorb fasst die Wäsche nicht mehr!
Ach, Mutti, komm wieder, du fehlst uns so sehr!

Der erste Versuch hat es klar gezeigt,
dass jetzt auch die Waschmaschine streikt;
aus rosarot, weiß und himmelblau
schafft sie eine Farbe, das hässlichste Grau.

Es fehlt schon an jeder Hose ein Knopf.
Papa weiß gar nicht, wo steht ihm der Kopf!?
Schon lange schmeckt's Mittagessen nicht mehr.
Mama, wann kommst du bloß wieder her?

Die Küche könnt' sicher 'nen Anbau vertragen,
wir wissen nicht mehr, wo die Sachen mal lagen.
Wir räumen und suchen und finden nichts mehr!
Ach, Mama, wie schön wär's, kämst du wieder her!

Das Baby macht Papa so gar keinen Spaß,
schon kurz nach dem Wickeln ist's wieder klitschnass.
"Wir machen was falsch!", brüllt Papa dann los,
da hat er schon recht, doch was ist das bloß?

Mama, du siehst doch, wie schwierig es ist,
wie dich der ganze Hausstand vermisst!
Mama, komm endlich, jetzt kennst du den Grund!
Ach, Mama, entschuld'ge, werd erst mal gesund!

Eis am Stiel

"Mama, ich will ein paar Euros,
an der Ecke gibt es Eis!"
"Hier, mein Sohn, nimm dieses Geldstück,
heute ist es wirklich heiß".

"Mama, das sind fünfzig Cent nur,
das reicht doch nicht hin, nicht her!"
"Doch, mein Sohn, geh erst mal gucken,
leider habe ich nicht mehr".

"Mama, sei doch nicht so geizig,
fünfzig Cent, das ist nicht viel,
dafür krieg ich allerhöchstens
so ein kleines Eis am Stiel!"

"Na, und?", fragt die Mutter staunend,
"was willst du denn für ein Eis?"
Peter zeigt mit beiden Händen
einen riesengroßen Kreis.

"Aber Peter, sei vernünftig,
so viel Geld besitz' ich nicht.
Hier, so nimm doch dieses Geldstück
und mach kein so bös' Gesicht!"

"Deinen Fufz'ger kannst behalten,
dann verzicht' ich halt auf's Eis!"
"Gut, mein Sohn", sagt Mutter lächelnd,
"Morgen wird es wieder heiß.

Und bis Morgen liegt das Geldstück
hier im Schrank für dich allein,
solltest du dich nicht entscheiden,
stecke ich es wieder ein!"

Doch schon eine Stunde später
sieht vom Fenster aus im Garten
sie mit einem Eis den Peter,
Eis am Stiel - wie zu erwarten.

Vorbild?

Es ist für mich nicht zu fassen,
was die Großen tun und lassen.
Während wir all diese Sachen
stets ermahnt sind, gut zu machen.

Schlürft der Vater, hat's den Grund,
dass die Supp' zu heiß für'n Mund.
Schlürfe ich die Supp' indessen,
hab's Benehmen ich vergessen.

Vaters Rülpsen ist erklärlich,
weil viel Luft im Bauch gefährlich.
Wenn ich nur verstohlen hicke,
treffen mich gleich böse Blicke.

Redet er mit vollem Mund,
hat das stets 'nen guten Grund.
Bei mir heißt es nur ganz schlicht:
"Wenn der Mund voll, spricht man nicht!"

Eine andre linke Masche
ist das Trinken aus der Flasche.
Bei mir gilt's als Schweinerei,
Vater denkt sich nichts dabei.

"Du Idiot, du blödes Schwein!",
darf beim Autofahr'n er schrei'n.
Sag ich nur mal wütend: "Scheiße!" ,
heißt's, dass die Geduld ihm reiße.

Krieg ich eins hinter die Ohren,
sollt' ich gleich mit Fragen bohren,
denn warum dürfen die Großen,
Kleine schlagen oder stoßen?

Wenn ich nämlich Bruder Peter
eine reinhau', gibt's Gezeter.
Mama möcht' am liebsten weinen:
"Große schlagen nicht die Kleinen!"

Pflichten hab' ich zu erfüllen,
ausgewählt nach Vaters Willen.
Soll er ein' Gefall'n mir tun,
muss er von der Arbeit ruh'n.

Ich frag mich bei den Problemen,
wen soll ich als Vorbild nehmen,
wenn ich alles falsch nur mach',
ahm' ich meinen Vater nach?

Tu' ich stets das Gegenteil,
find' ich da wohl eh'r mein Heil!
Groß zu sein, find ich nicht schwer,
klein zu sein - dagegen sehr!

Fast ein Dieb

Wenn ich es tu', was kann passieren?
Ich glaube kaum, dass sie es merkt.
Sie würd' dabei nicht viel verlieren,
ich könnt' es ruhig ausprobieren!
Doch wird mit jedem läng'ren Zögern
die Angst in mir nur noch verstärkt.

Es sind doch so viel' Euroscheine,
hat sie sie überhaupt gezählt?
Ein Griff nur - und er wär' der meine,
welch eine Rolle spielt der eine,
der später, wenn sie es hier findet,
in ihrem Portemonnaie dann fehlt?

Merkt sie's nun doch und stellt mir Fragen
und schaut mir dabei ins Gesicht,
so werde ich es einfach wagen,
sie anzuseh'n und dann zu sagen:
"Du kannst 's mir glauben,
ich war's nicht!"

Vielleicht aber wird Mutter denken,
Klein-Julia hat das Geld genommen.
Na, der würd' sie den Schein doch schenken,
die braucht sich nicht die Hand verrenken,
denn Julia hat ihr Leben lang
stets, was sie wollte, auch bekommen.

So wär' es gar nicht mal so schlecht,
hielt Mutter Julia für den Dieb.
Zu mir ist sie oft ungerecht,
behandelt mich sehr häufig schlecht,
doch Julia hätt' sie trotz der Tat
auch weiterhin noch lieb.

Ich käm' jedoch in große Not,
wenn Julia dann sehr weint.
Ich würd' von Kopf bis Fuß dann rot
und wünscht' ich wäre besser tot,
das zeigt doch, dass ich sie sehr mag,
auch wenn's mir nicht so scheint.

So werde ich es lieber lassen,
es ist mir zu gefährlich!
Bevor sie mich als Dieb erfassen,
und dann vielleicht mich alle hassen,
bleib besser arm ich - aber ehrlich.

Sonntagsvater

Warum, fragt Peter den Papa,
bist du nur mal am Sonntag da?
Du wohnst in einer and'ren Stadt,
obwohl die Wohnung viel Raum hat.

Warum kommst du nur mal vorbei,
um mich hier abzuhol'n bis drei?
Zum Schluss streichst du mir dann durchs Haar
und lächelst: „Tschüß, mein Sohn, ich fahr'."

Warum schaust du nicht mal herein?
Du schüttelst nur den Kopf, sagst: „Nein."
Warum will Mutter dich nicht seh'n?
Was ist bloß zwischen euch gescheh'n?

Warum habt ihr ein Kind gewollt,
wenn ihr nur miteinander grollt?
Ich hätt' so gern Mutter und Vater
und nicht nur dies Sonntagstheater!

Wenn wir uns seh'n, dann bist du nett,
obwohl ich's manchmal lieber hätt',
du würdest tüchtig mit mir schrei'n
und dann die Fehler mir verzeih'n!

Doch wie willst du in drei, vier Stunden,
das, was sich tut um mich, erkunden?
Ich brauch dich täglich als Berater
und nicht allein als Sonntagsvater!

Ich weiß, dass ihr geschieden seid.
Mutter erzählt', es gab viel Streit.
Doch lässt es sich nicht wieder kitten,
worum so arg ihr euch zerstritten?

Du findest richtig, was ich sage,
ich sehe es an dein'm Gesicht,
du fändest's schön, gar keine Frage,
doch kitten lässt's sich leider nicht.

An den Weihnachtsmann

Lieber guter Weihnachtsmann,
ich habe großen Kummer.
Per Telefon rief ich dich an,
wüsst' ich nur deine Nummer.

Der Peter hier von nebenan
hat heute mir erzählt,
es gäb' gar keinen Weihnachtsmann,
das ist es, was mich quält!

Der Peter meint, er sei schon groß,
und du sei'st was für Kleine.
Ich bin doch ein Jahr jünger bloß,
verstehst du, was ich meine?

Ich hab schon mal Papa gefragt,
doch der hat nur gelacht.
"Sprich mit ihm selbst", hat er gesagt,
doch nicht, wie man das macht.

Ich hab' fünf Jahre dich geliebt,
und das gefiel mir gut,
Drum hoff' ich sehr, dass es dich gibt,
und Peter nur so tut!

Fragen

Mama, ich habe so viel Fragen,
kannst du mir nicht die Antwort sagen?
Papa meint, du weißt da Bescheid,
für dich sei's eine Kleinigkeit.

Wie viele Zähne hat der Hund?
Ist ein Quadrat auch manchmal rund?
Warum sagt man, dass Pilze schießen?
Wie kommt es, dass die Flüsse fließen?
Sind arm wir, oder sind wir reich?
Sind wirklich alle Menschen gleich?
Werd' ich denn später auch mal Vater?
Warum konnt' ich nicht seh'n den Kater,
den Papa neulich früh mal hatte?

Warum darf man kein Spielzeug stehlen
und in der Schule einfach fehlen?
Warum bin ich ein Kind, kein Hund?
Ist Naschen wirklich ungesund?
Hat Nikolaus auch einen Sohn?
Wo steht vom lieben Gott der Thron?
Hat eine Mücke auch 'ne Lunge?
Wer hat bestimmt, dass ich als Junge
und nicht als Mädchen kam zur Welt?

Warum spielt Papa nicht Theater
und ist berühmt wie Kathrins Vater?
Wie fühlt sich einer, der schon tot?
Warum werd' ich beim Lügen rot?
Bekommt ein Glatzkopf niemals Haare?
Warum wirst du nicht tausend Jahre?
Wie viele Kinder leiden Not?
Hab'n die nicht mal 'ne Scheibe Brot?
Ob Gott es nicht so reichlich hat,
dass alle Menschen werden satt,
die auf der Erde leben?

Wenn ich ein König wär' auf Erden,
dann würde alles anders werden!
Bei mir gäb's keinen fetten Speck,
Zahnschmerzen wären völlig weg,
kein Nachbar dürft mehr "Ruhe" brüllen,
ein Zeugnis könnte man zerknüllen,
die Milch würde nach Cola schmecken,
am Eis könnt' stundenlang man lecken,
um zehn erst müsst' ein Kind ins Bett,
Erwachs'ne wären alle nett!
Man dürfte auch mal was verkleckern
und keiner würd' darüber meckern!
'ne Schulpflicht würd' ich nicht einrichten,
auf Schule mag, wer will, verzichten.
Bei mir braucht' keiner Hunger leiden,
ich würde jeden Krieg vermeiden!

Doch bleibt zum Schluss noch eine Frage,
wenn du die Antwort weißt, dann sage,
wie kann man hier bei uns auf Erden
ganz schnell zu einem König werden?

Die Fette

Sport steht auf dem Stundenplan,
alle Kinder freu'n sich dran.
"Stellt euch auf", sagt Fräulein Raffel,
"denn wir laufen eine Staffel.
Dazu brauchen wir zwei Riegen,
wählen wir, um sie zu kriegen!

Über'n riesengroßen Kasten
gilt es heut für euch zu hasten,
dann 'ne Rolle um das Reck,
unter'm Schwebebalken weg,
und der nächste kriegt 'nen Schlag,
der macht dann dasselbe nach!"

Alle freu'n sich auf den Kampf,
Heinz und Karli wähl'n mit Dampf.
Alle drängeln, schubsen, schrein,
jeder will gewählet sein.
Nur für Liesel ist's 'ne Qual,
wann endlich trifft sie die Wahl?

Als zum Schluss nur zwei noch sind,
wählt Heinz Karin ganz geschwind.
Liesel bleibt als letzte steh'n,
soll sie doch zu Karli gehn!
"Nein, die nehm'n wir nicht, die Fette,
da verlier'n wir jede Wette!"

Alle lachen, kichern, gackern,
keiner sieht das böse Flackern
in den Augen von Frau Raffel.
"Gut, dann gibt es keine Staffel,
und wir setzen unser'n Sport
heute in der Klasse fort!"

Und zum Karli sagt sie g'rad:
"Bist'n feiner Kamerad!
Jeder Mensch hat seine Schwächen,
woll'n wir über deine sprechen?
Aber, und das sollst dir merken,
jeder hat auch seine Stärken!

Wie oft hat dir Liesel schon
vorgesagt im Flüsterton!
Meinst vielleicht, ich hör das nicht?
Denk mal dran und schäme dich!
Du bist sportlich, drum sei froh,
denn es ist nicht jeder so!"

Warum sind Babys keine Brüder?

Kommt irgendetwas neu ins Haus,
wird's alte gleich verstoßen,
genau das hab ich festgestellt,
so sind nun mal die Großen.

Denn so hat man's mit mir gemacht,
ich bin jetzt ganz vergessen.
Wie schön war's, als die Eltern nur
ein einz'ges Kind besessen!

Ein Brüderchen zum Spiel'n und Toben
hat Papa mir versprochen,
doch schau ich mir das Baby an,
hat er sein Wort gebrochen.

Das kann nicht spiel'n, das kann nicht toben,
das schaut nur vor sich hin,
Ich glaub, das weiß noch nicht einmal,
dass ich die Schwester bin.

Das darf noch in die Hosen machen,
manchmal sogar ins Bett.
Und wenn es schreit, dann ist Mama
zu ihm besonders nett.

Ich höre nur den ganzen Tag,
sei brav, mach keinen Krach,
schlag nicht die Tür'n, geh leis' aufs Klo,
sonst wird das Bübchen wach!

Wenn es was will, dann brüllt es los,
auch manchmal in der Nacht.
Ich hab das neulich auch probiert,
doch keiner ist erwacht.

Ganz heimlich schimpfe ich mit ihm,
doch das hat keinen Zweck.
Wenn ich nur wüsst', woher es kommt,
ich brächt' es wieder weg!

Berühren verboten

Mutti und Kai sind ins Kaufhaus gegangen,
und damit hat's Unheil gleich angefangen.
Er hat geschrien, sie hat geschimpft,
alle ander'n haben die Nase gerümpft;
sie wollt ihn tragen, er wollte laufen,
er wollte gucken, sie wollte kaufen.
Es gab so viel Dinge, die ihm dort gefielen,
drum begann er sofort, mit ihnen zu spielen.

Es ist ja ganz einfach, die Dinge zu fassen,
und einmal probiert, kann er's gar nicht mehr lassen.
Obwohl Mama doch seine Neugierde kennt,
wird er gewaltsam von den Sachen getrennt.
Er hasst die Gewalt, das weiß sie genau,
drum schmeißt er sich hin, wird vor Wut gleich ganz
blau.
So weiß denn die Mama nicht ein mehr noch aus:
"Wir lassen den Einkauf und gehen nach Haus!"

Doch da hat der Junge das Spielzeug entdeckt,
ganz klar, dass das mehr noch die Spielfreude weckt.
Mit Schritten, die Mama nicht lenken kann,
steuert er's dann ganz zielbewusst an.
Der Bagger, das Auto, der Kran und der Bär,
all diese Dinge erfreuen ihn sehr.
Berühren verboten, was kümmert ihn das,
er kann ja nicht lesen und hat seinen Spaß.

Den Teddy schleift er gleich hinter sich her,
dann lässt er ihn fallen, dort gibt's ja noch mehr!
Er nimmt aus der untersten Reihe der Bälle
den größten heraus, und das gibt Gefälle!
So rollen und kullern und hopsen sie alle
über den Boden der Einkaufshalle.
Der Hund an der Leine hat einen erwischt,
schon hört man, wie langsam die Luft herauszischt.

Mama bemüht sich mit letzter Kraft,
den Kai festzuhalten, sie ist völlig geschafft.
Doch was int'ressiert das die anderen Leute,
für sie ist das Schauspiel 'ne richtige Beute.
Vielleicht sollt' die Mutter bei solchem Benehmen
sich endlich zur streng'ren Erziehung bequemen!
Nur ganz in der Ecke steht lächelnd ein Mann:
"Klar doch, dass so'was passieren kann!
Sie bau'n die Regale doch extra so auf,
dass Kinder von Eltern erzwingen den Kauf!

Denn, wenn die Kinder quälen und bohren,
haben die Eltern den Kampf schon verloren.
Wer kann es ertragen, das Gucken und Gaffen,
muss man die schreienden Kinder raffen,
muss man ihnen mit strengem Gesicht
ständig erklären, das gibt es heut nicht!

Wie viel bequemer ist es dagegen,
lässt man sich schnell mal zum Kaufe bewegen,
dessen, was Kinder sich selbst hab'n genommen,
dann wird es bestimmt nicht zu Aufsehen kommen.
So gelangen sie alle zu ihrem Recht,
und das Kaufhaus verdient dabei gar nicht so schlecht.
Denn Kinder soll'n seh'n, sie soll'n danach schielen,
doch dürfen sie erst, wenn's gekauft, damit spielen!"

Mutti nickt dankbar, der Mann hat ja Recht,
für so kleine Kinder ist's Kaufhaus halt schlecht.
Es muss der Verstand um vieles noch reifen,
bevor sie, was falsch und was richtig, begreifen.
So ist's wohl das Beste, sie räumt jetzt das Feld,
bevor denn ihr Kai noch viel mehr hier anstellt.
Sie zieht nun den Sohn an der Hand mit sich fort,
bloß raus hier, nur weg, an 'nen ruhigen Ort.

Die Wende

Meist fängt es ja so harmlos an,
dass niemand etwas ahnen kann.
Man sitzt gemütlich um den Tisch,
nach Speiseplan gibt's heute Fisch,
damit der Fisch gut schwimmen kann,
bringt Mutter Milch fürs Bübchen an.

Zuerst scheint alles sehr gelungen,
man hört das frohe Spiel der Zungen,
der Vater lobt das gute Essen,
der kleine Bub ist fast vergessen.
Weil er so prima sich benommen,
soll g'rade er ein Lob bekommen.

Doch wie das Blatt sich häufig wendet,
die Sache unerwartet endet.
Das Bübchen will die Milch nicht haben,
möcht sich an ander'n Dingen laben.
Und Mutter meint, sie könnt's versteh'n,
will gleich den roten Saft hol'n geh'n.

Der rote Saft steht auf dem Tisch,
das Bübchen polkt in seinem Fisch,
dann langt es einmal kräftig hin,
kein Saft ist mehr im Glase drin.
Doch ist er nicht im Bauch verschwunden,
das Tischtuch zeigt die roten Wunden.

Auf Vaters Stirn erscheint 'ne Falte,
er kämpft, dass er nur an sich halte,
denn Mutter schaut ihn bittend an,
weil doch das Bübchen nichts für kann.
Man müsse nur geduldig sein,
der Bub, er ist ja noch so klein!

So steht sie auf und fragt ganz sachte,
ob grüner Saft ihm Freude machte.
Das Bübchen brüllt mit aller Kraft,
es wolle überhaupt kein' Saft.
Dann hält es ein, macht eine Pause
und schreit danach: "Will gelbe Brause!"

Doch jetzt beginnt die große Sorge,
wo man sich gelbe Brause borge.
Der Vater soll zum Nachbarn geh'n,
es könnt' ein Unglück sonst gescheh'n!
Und schon bahnt sich ganz langsam an,
was alles noch passieren kann.

Das Bübchen hebt vor Wut die Faust,
die gleich darauf herniedersaust.
Das Ziel ist klar, es ist der Teller,
die Mutter greift, der Bub ist schneller.
So kriegt nicht nur das Tischtuch Farben,
der Teppich behält große Narben.

Der kleine Bub läuft blau schon an,
weil er vor Wut kaum atmen kann.
Er bebt, er zittert, strampelt, schreit,
schlägt um sich, scheint zum Kampf bereit –
auch Mutter ist jetzt fast am Ende,
und ringt verzweifelt ihre Hände.

Der Vater ist ganz abgehetzt,
er ist von Tür zu Tür gewetzt.
Jetzt hat er eine ganze Flasche
mit gelber Brause in der Tasche.
Doch als er reinkommt in den Raum,
sieht er den Sohn und glaubt es kaum,
der sitzt ganz friedlich dort am Tisch,
trinkt seine Milch und isst den Fisch.

Verbote

Ein Jahr erst kenn ich diese Welt,
doch habe ich längst festgestellt,
es ging mir nichts verloren,
wär' gar nicht ich geboren.

Am frühen Morgen geht's schon los,
Verhaltensregeln hör' ich bloß.
Ich möcht so viele Dinge machen,
doch das sind stets verbot'ne Sachen.

Iss deinen Brei, er ist gesund,
nun mach doch endlich auf den Mund!
Ich möcht viel lieber ihn verschmieren
und meinen Tisch damit verzieren.

Doch als ich neulich mal entdeckt,
dass Buddelkastensand mir schmeckt,
wurd's Essen mir verboten,
bekam eins auf die Pfoten.

Im Kinderzimmer soll ich bleiben
und dort mir meine Zeit vertreiben.
Doch auf die Dauer, mein' ich ehrlich,
ist's Kinderzimmer ganz entbehrlich.

Ein weitaus besseres Objekt,
das meine Neugier ständig weckt,
ist's Inventar vom Badezimmer,
doch leider - zu die Tür, fast immer.

Toilettenbürste, Klopapier,
`ne Waage, all das gibt es hier.
Verboten, ja man glaubt es kaum,
ist der Kontakt mit diesem Raum.

Mit aller Macht werd'n unterbunden
im Arbeitszimmer meine Runden,
dass Papa einfach nicht begreift,
mein Wunsch nach Büchern ist gereift!

Statt dessen hör ich unentwegt,
was meinen Missmut längst erregt,
wie man das Leben richtig meistert,
doch bin ich davon nicht begeistert.

Sei artig, tu dem Hund nicht weh,
beiß Papa nicht in ' großen Zeh,
lass stehn im Bad die vielen Flaschen,
bloß nicht vom Hundefutter naschen!

Nun zeig mal Tante Ruth die Zähne,
erst wenn die Hand vor'm Mund ist, gähne,
du kannst doch sonst so niedlich lachen
und backe, backe Kuchen machen!

Wie groß ist unser liebes Kind?
Zeig's Onkel Oskar, ganz geschwind!
Wo ist das Ohrchen, wo der Po?
Bin doch kein Affe hier im Zoo!

Muss denn das jeden Tag so sein?
Waren Erwachs'ne niemals klein?
So kann ich nur zusammenfassen,
was man mich zwingt zu unterlassen:

Nicht Badezimmer, nicht Büro,
nicht Blick ins Buch, nicht Hand ins Klo,
Müllkasteninhalt nicht gesund,
verboten auch der Schwanz vom Hund,

das Feuerzeug nicht in den Brei,
bei Nachrichten bloß kein Geschrei,
die Finger nicht in Sofaecken,
den Haustürschlüssel nicht verstecken,

strengstes Verbot: der Fernsehknopf,
Verläng'rungsschnur und Suppentopf,
die Schere darf ich nicht befühlen,
nicht in der schmutz'gen Wäsche wühlen,

die Streichhölzer sind ganz tabu,
Schranktüren bleiben immer zu,
nicht mal 'nen Zigarettenstummel,
kein Griff ins Fach beim Einkaufsbummel,

kein Centstück darf ich mal verschlucken,
Spinat nicht übers Tischtuch spucken,
kein Kaugummi vom Weg aufheben,
die Haare nicht mit Saft verkleben.

Bei jedem Kind wird's wohl so sein,
das meistgehörte Wort heißt: **N E I N !**
Verbote gibt es noch und noch,
was macht das schon, ich tu es doch!

Von jedem ein Stückchen

Du bist vor acht Tagen zur Welt erst gekommen,
das erste, was du bereits hast vernommen,
ist, dass du süß bist, so niedlich und klein,
dass Händchen und Füßchen so winzig noch sein.

Und dann wirst von allen du richtig betrachtet,
wobei man besonders auf Ähnlichkeit achtet.
Da hörst du vom ersten: Das ist die Mama!
Der zweite sieht's besser: Ganz klar, der Papa!

Die Schlauen sind damit jedoch nicht zufrieden,
von ihnen wird ganz exakt unterschieden,
die Nase von Mutter, vom Vater die Augen,
und von Opa Willi hat er das Saugen.

Und weil nun die Oma ganz traurig schon guckt,
erzählt man ihr, dass er genau wie sie spuckt.
Dort an den Falten am winzigen Hälschen
sieht man die Verwandtschaft mit Tante Elschen.

Die Hände hat Schwager Winfried gespendet,
der sich zufrieden dem Essen zuwendet.
Doch hat man anscheinend noch gar nicht vermisst,
dass Winfried, der Schwager, nicht blutsverwandt ist.

Von Onkel Karl-Heinz, so wird angenommen,
hast die Frisur du geschenkt bekommen.
Denn er hat ne Glatze, auch dein Kopf ist kahl,
da bleibt uns als Spender nur die eine Wahl!

Wenn sich dann plötzlich dein Köpfchen mal hebt,
die Oma entzückt in Erinnerung bebt:
"Genau wie vor 30 Jahren der Vater!",
ruft sie mit Pathos - wie im Theater.

Dann bricht's aus Opa Herbert heraus:
"Ganz ähnlich wie er sah ich auch einmal aus!"
Das ist natürlich nur schwer zu begreifen,
Opa mit Strampler und Klapperreifen.

Noch bist bei allem du friedlich und still,
soll jeder doch seh'n, was er sehen will.
Auch wenn Tante Irmchen dir heut schon kann sagen,
du wirst wie dein Vater `ne Brille mal tragen.

Und hat man das Äuß're erst eingeteilt,
dann wird bei dein'm Innenleben verweilt.
Du bist temp'ramentvoll, weil du grade eben
versucht hast, dein rechtes Ärmchen zu heben.

Auch Eigensinn wird dir schon zugeschrieben,
weil kräftig du brüllst vor der Mahlzeit um sieben.
Dass einfach der Hunger dich schreiend macht,
hat sicher von ihnen noch keiner bedacht.

Und wenn du am Abend im Bettchen schon liegst,
dann wird prophezeit der Beruf, den du kriegst.
"Ich tippe auf Boxer", hört Rudi man lallen,
"der kann ja schon heute die Hände fest ballen."

"Ach Quatsch", sagt Katrinchen,
"das ist so bei allen, mir sind die schmalen Händ'
aufgefallen.
Das deutet auf Arzt, vielleicht auch auf Lehrer."
"Der wird mal Professor!", ruft da Tante Vera.

"Habt ihr nicht bemerkt, wie hoch seine Stirn?
Das ist der Beweis für ein großes Gehirn!"
Doch Opa Willi glaubt fest, du wirst Clown,
weil du schon heute so lustig kannst schau'n.

So glauben sie alle, du sei'st gut gelungen,
zumal dir von jedem ein Stück aufgezwungen.
Und du wirst mit Freuden hier aufgenommen -
im Kreis der Verwandtschaft - sei herzlich willkommen.

Doch soll dies Gerede in Not dich nicht bringen,
es wird eines Tages bestimmt dir gelingen,
du selbst zu sein, und dann rufst du aus:
"Ich bin nicht, was ihr wollt, ich bin der Klaus!"

Erfahrung

"Ich hätt' so gerne einen Hund
und wär' er noch so klein,
so'n richt'gen frechen Kunterbunt
müsst' keine Rasse sein!

Warum seid ihr denn nicht bereit,
mir so ein Tier zu schenken?
Ich kann schon seit geraumer Zeit
an gar nichts and'res denken."

"Ein Hund kann doch kein Spielzeug sein,
hast du jemals bedacht,
was so ein Tier, sei's noch so klein,
für Müh' und Arbeit macht?

Ein Hund braucht Auslauf - jederzeit –
die Wohnung hier ist klein!
Und du bist sicher nicht bereit,
stets für ihn da zu sein.

Denk an die morgendliche Runde,
gleich vor dem Frühstück musst du raus,
und das bedeutet, eine Stunde
schon früher ist's mit Schlafen aus!

Wenn dann die Schule ist vorbei,
beginnt die nächste Pflicht,
dann müsst ihr wieder raus, ihr zwei,
ein Aufschub gibt es dabei nicht!

Wenn deine Freunde baden geh'n,
zum Fußballspiel'n sich treffen,
dann wirst du manchmal abseits steh'n,
hörst nur dein Hundchen kläffen!

Ob gut das Wetter oder schlecht,
das ist dem Hund egal.
Er muss beharren auf sein Recht,
für dich wird's dann zur Qual!

Jetzt haben wir noch schöne Tage,
jetzt in der Sommerzeit.
Doch ist der Winter ohne Frage
schon gar nicht mehr so weit!

Dann stehst du da mit kalten Händen
und hältst die Hundeleine.
Doch dieses Los kann niemand wenden,
denn dieser Hund ist dann der deine!

Entscheide dich, ob ja, ob nein,
doch sollst du auch bedenken,
dein Wort muss dann endgültig sein,
wenn wir 'nen Hund dir schenken!"

"Sag mal, Papa, ich muss dich fragen,
du bist ja so gut informiert,
so etwas kann nur einer sagen,
dem mal was Ähnliches passiert!"

"Ich war auch `mal in der Lage,
meinen Vater zu beknien,
und das hab ich ohne Frage
mir bis heute nicht verzieh'n.

Denn, als ich den Hund besaß,
nahm ich meine Pflicht nicht wahr.
Weil ich ständig ihn vergaß,
war er plötzlich nicht mehr da!

Damals war ich richtig krank,
konnt' die Welt nicht mehr versteh'n,
hab getrauert - wochenlang -
spät erst hab ich's eingeseh'n.

Und genau, mein lieber Sohn,
dieses wollt' ich dir ersparen,
darum hast du heute schon
die Geschicht' vom Hund erfahren.

So, nun lass ich dich allein,
und du wirst darüber denken,
sollt' der Wunsch so groß noch sein,
woll'n den Hund wir dir auch schenken."